warmfalten

(zum Beispiel hier an der Linie die Ecke umfalten)

Bevor es losgeht:
DIE SEITE ZUM WARMWERDEN

warmschnippeln

(zum Beispiel die Rückenflosse abschnippeln)

Was ist eigentlich ein Schnibbelrest-Streifen?

In diesem Buch gibt es Materialseiten. Steht immer oben rechts drauf und bedeutet immer dasselbe: Entlang der senkrechten Schneidelinie neben der Mitte musst du die ganze Seite aus dem Buch rausschneiden. Mit dem Material auf diesem Blatt wird weiter geschnibbelt, gefaltet, gekritzelt und geklebt, sodass im Buch eine ganz besondere Doppelseite entsteht.

Vorher muss aber unbedingt noch eine Kleinigkeit passieren: Der schmale Streifen, der beim Ausschneiden der Materialseite stehen geblieben ist, muss weg. Tataaaaa: der Schnibbelrest-Streifen! Klebe ihn einfach auf der rechten Seite fest.

Fertig – der stört nicht mehr!

Frechheit! Erst die Dusche blockieren und dann auch noch andere nass spritzen.

Als das Nudelwasser überkochte, ärgerte sich Otto so sehr, dass er die ganze Küche mit Tinte verdunkelte.

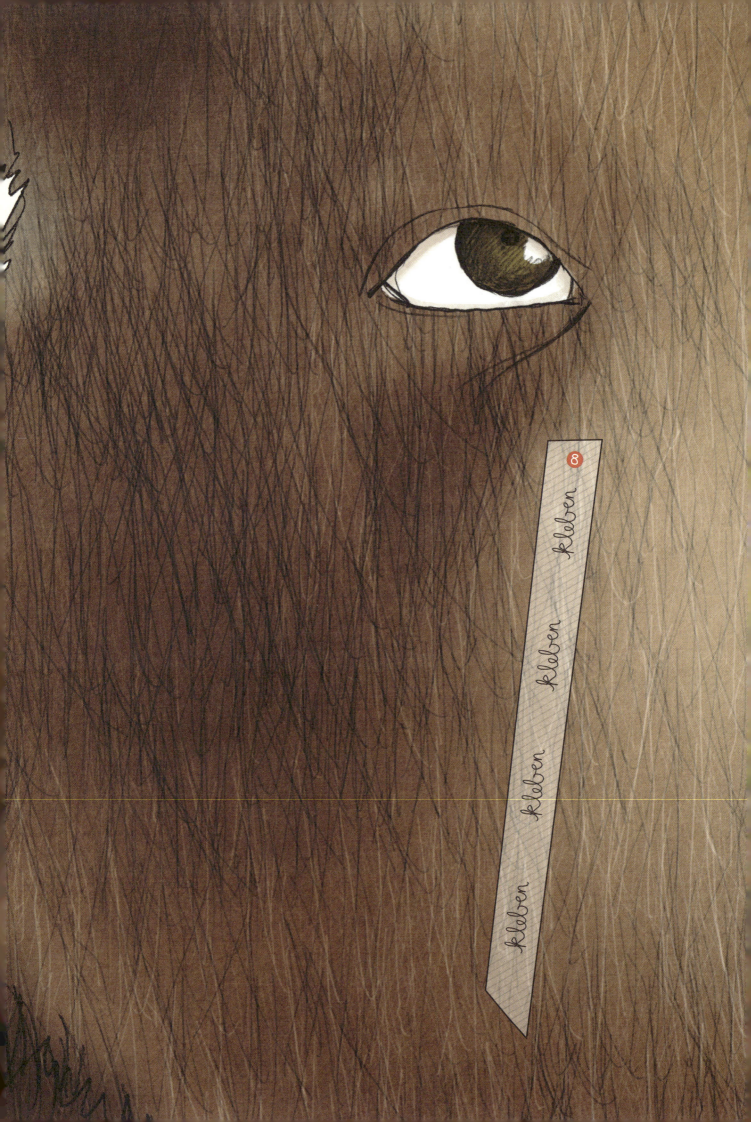

SCHNAUZENANLEITUNG

1. Materialseite ganz ausschneiden und den Schnibbelrest-Streifen festkleben
2. Bärenschnauze ausschneiden
3. Pfote auf Pfote falten und wieder öffnen
4. und 5. Roter Stern auf roter Stern und grüner Stern auf grüner Stern falten – beides wieder öffnen
6. und 7. Klebeflächen nach hinten wegfalten und wieder öffnen
8. Schnauze ins Gesicht kleben

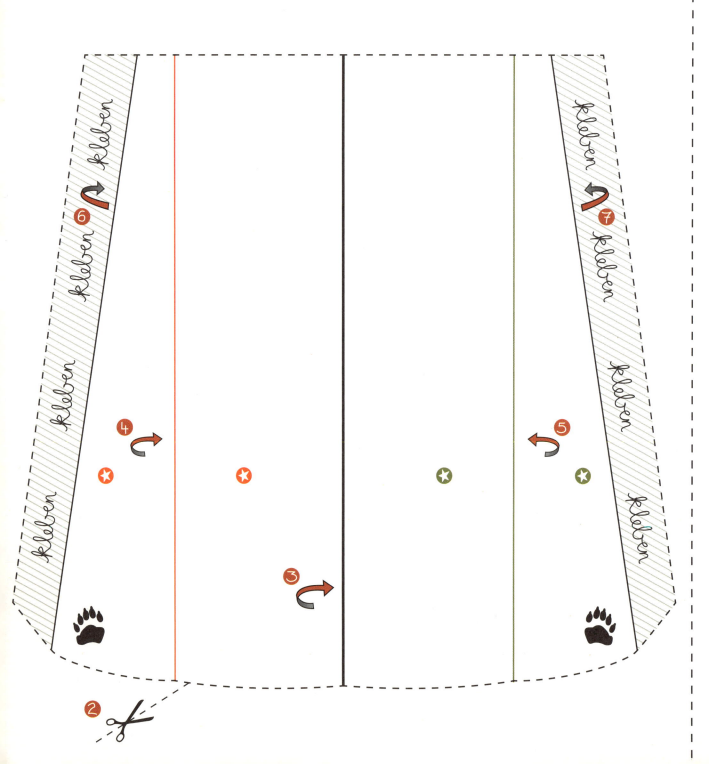

LECKERLI
für Zootiere

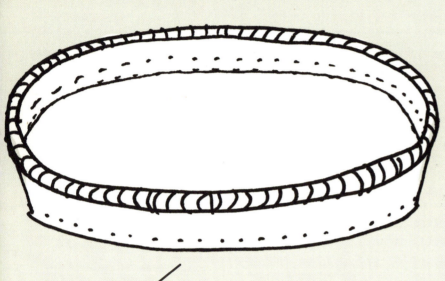
Seehund-Snacks

Panda-Plätzchen

Braunbär-Bonbons

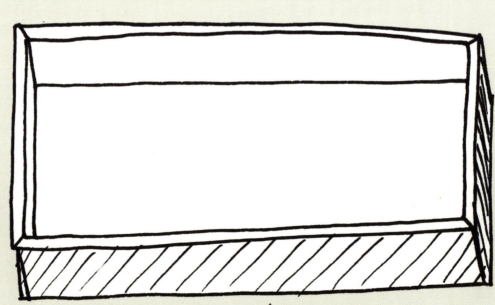
Elefanten-Edelfutter

Löwen-Leckerli

Fisch-Futter

Nilpferd-Naschzeug

Koala-Knabberzeug

Kommt ein Vogel geflogen ...

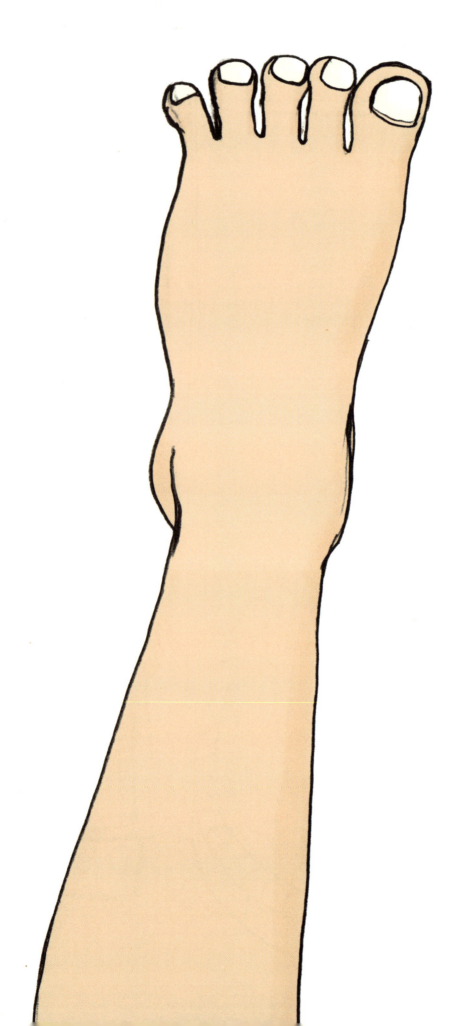

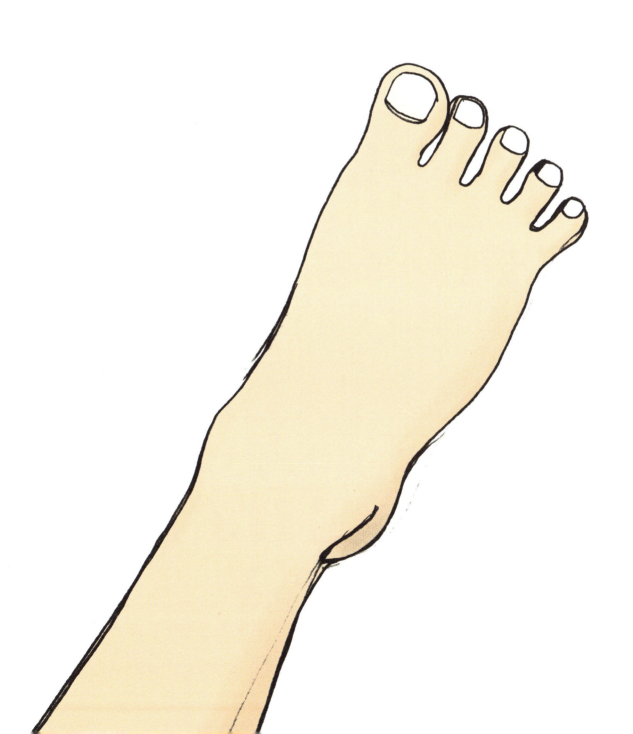

Wer hält wen an der Leine?

An Pias Fenster saßen auf einmal riesige Marienkäfer.

hier den Schnibbelrest-Streifen festkleben

Als Mozart erfuhr, dass er heute nicht mit Ringo spielen konnte, ließ er traurig die Ohren hängen.

Oh weh, Mozart hat es auch erwischt.
In seinem Fell wimmelt es von fiesen Flöhen.

Großer Andrang in der Lieblingshöhle des Fledermaus-Clans

Winterschlaf ist doch völlig aus der Mode!

Judith und Enzo setzen auf die richtigen Klamotten.

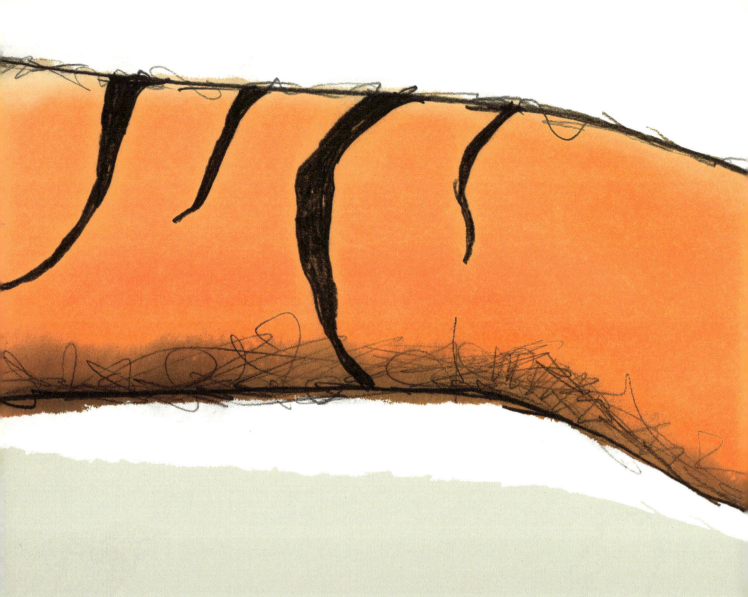

Wenn der Tiger Hunger hat, fährt er seine Krallen aus.

Jetzt wird's aber höchste Zeit, die Kurve zu kratzen!

hier den Schnibbelrest-Streifen festkleben

Was Herr Waldmeister von seinem Ast aus beobachten konnte, war einfach unerhört.

Frau Schlüter muss nicht mehr üben. Sie beherrscht sogar die Flecken-Tarnung.

STATION 2: ZICK-ZACK-TARNUNG

Heute kommt der Karl vorbei,
und Rosi, die liebt sein Geweih.

Damit sie es bewundern kann,
mal ihm die zweite Seite dran.

Kein Schnabel ist wie der andere.

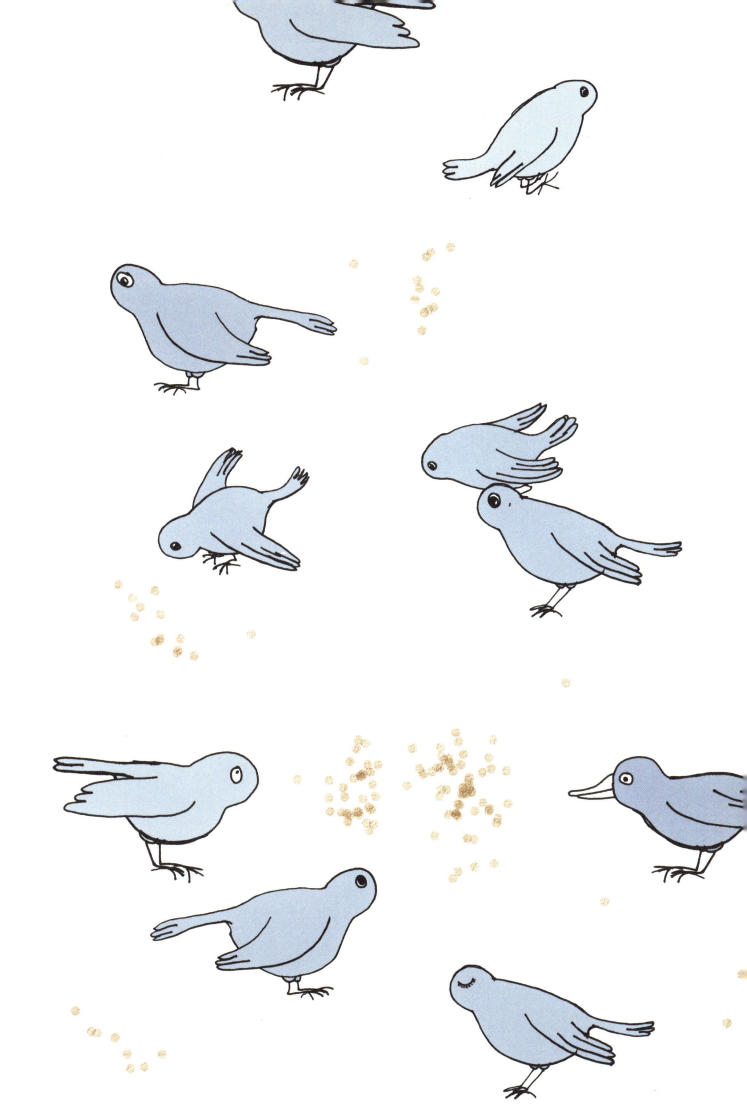

KIKI KANN STOLZ SEIN.
DAS SIND WIRKLICH VIELE
NÜSSE FÜR DEN WINTER.

Es könnte sein, dass sie schnurren, wenn du ihnen Köpfe faltest.

MATERIALSEITE

und so geht das:

1. Ein Dreieck falten (das Gesicht muss dabei vorne bleiben)
2. Dreieck auf die spitze Seite drehen und die Ecken runterfalten
3. Die obere Ecke nach hinten falten

4. Die Ohren wieder hochfalten
5. Die untere Ecke nach hinten falten und den Katzenkopf aufkleben

fertig

Mhmmmmm. Sie schnurren nicht? Vielleicht wollen sie ja spielen. Kritzel ihnen doch Wolle hin!

So wie die hier

hier den Schnibbelrest-Streifen festkleben

Wenn Frau Bertmanns Katze ihr Winterfell verliert, sind immer furchtbar viele Haare wegzusaugen.

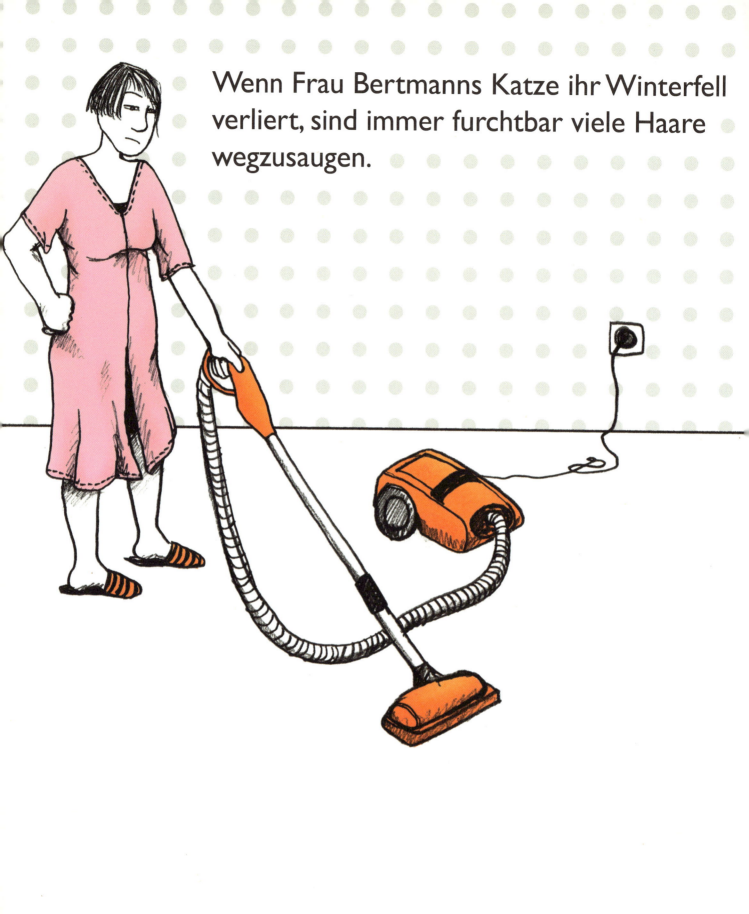

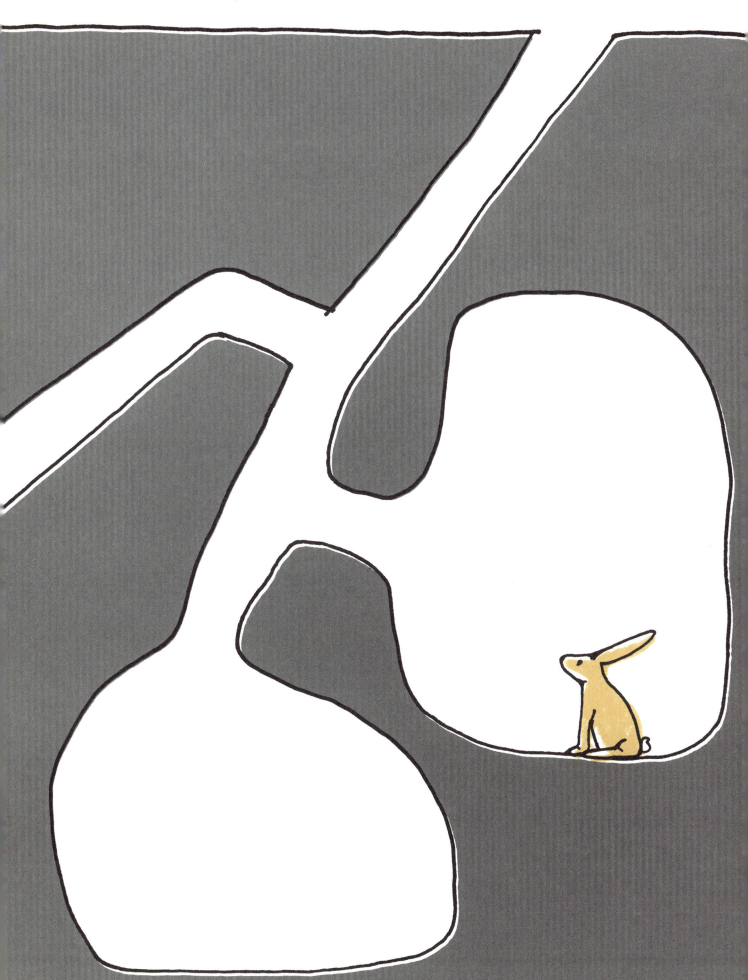

Wenn sich Bernhard mal verliebt, dann richtig!

Auf den Gräsern auf den Hügeln
flattern alle mit den Flügeln.

Fauligen Äpfeln kann Igelfamilie Pachelheim einfach nicht widerstehen.

Marta hat wirklich seltsame Flecken.

In der Stoffabteilung hat Sören seine Bestimmung gefunden. Gemusterte Stoffe schneiden ist einfach das Größte für ihn!

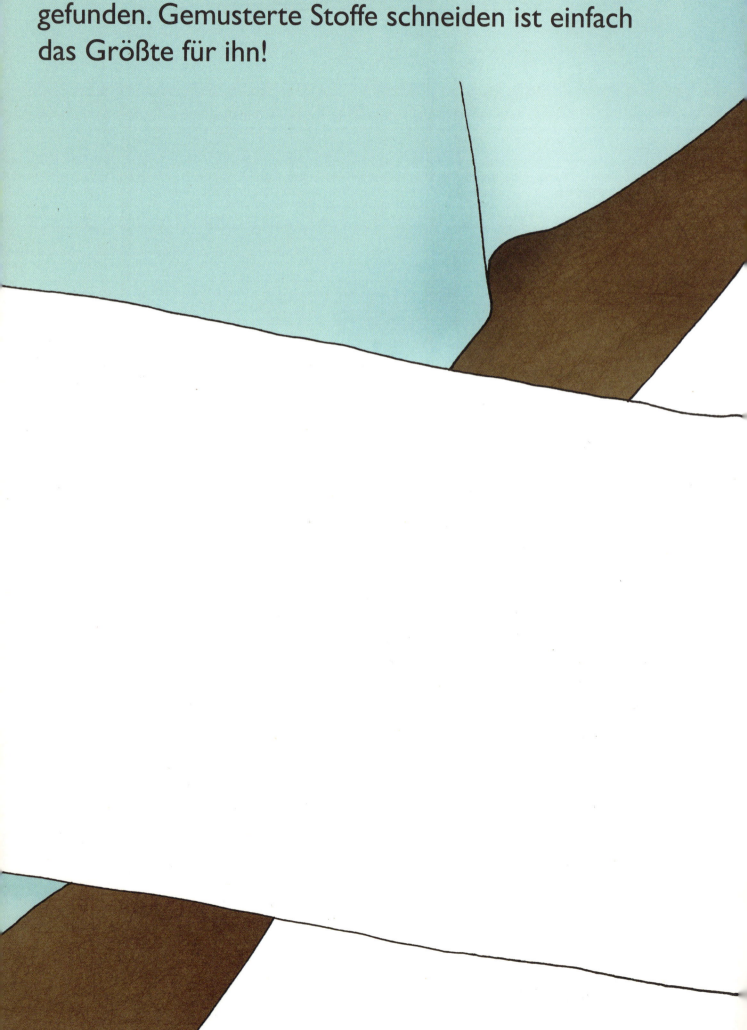

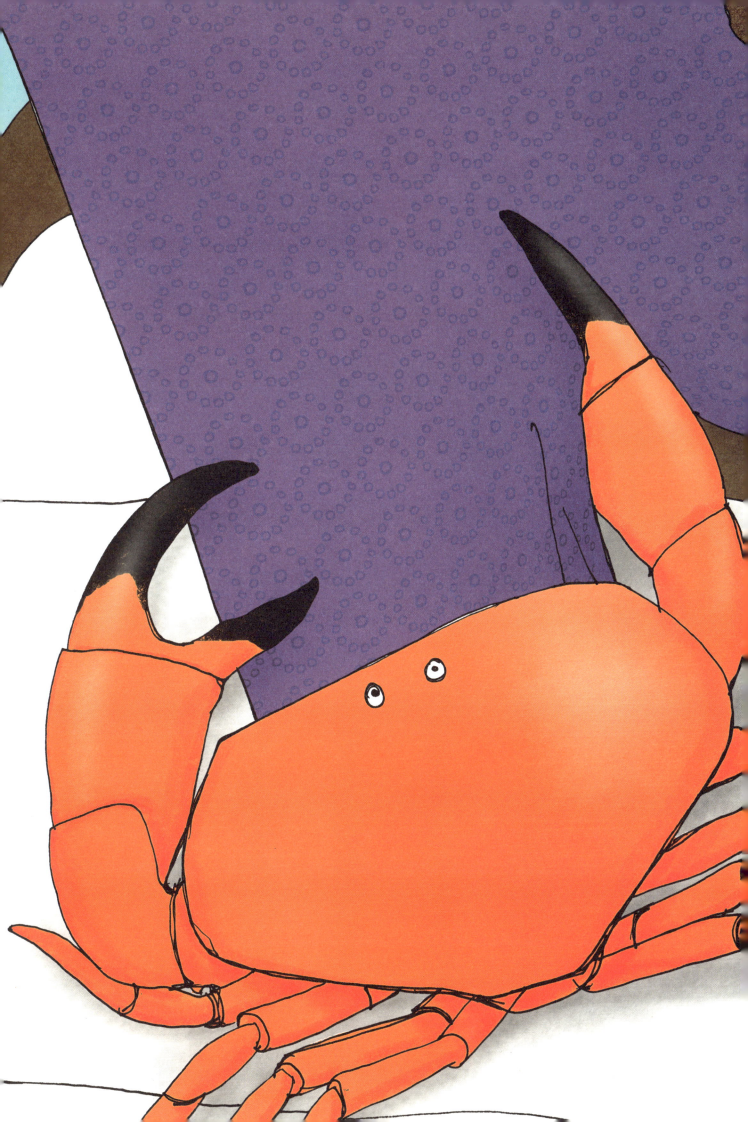

Bei der Chorprobe waren mal wieder nicht alle bei der Sache. „Ey, nach vorne gucken!"

Für Schaukasten-Effekt diese Seite hochhalten

hier den Schnibbelrest-Streifen festkleben

BEIM KOALA-ZAUBER WAR ALLES TOTAL SCHIEFGELAUFEN.

 ANMALEN  EINSCHNEIDEN

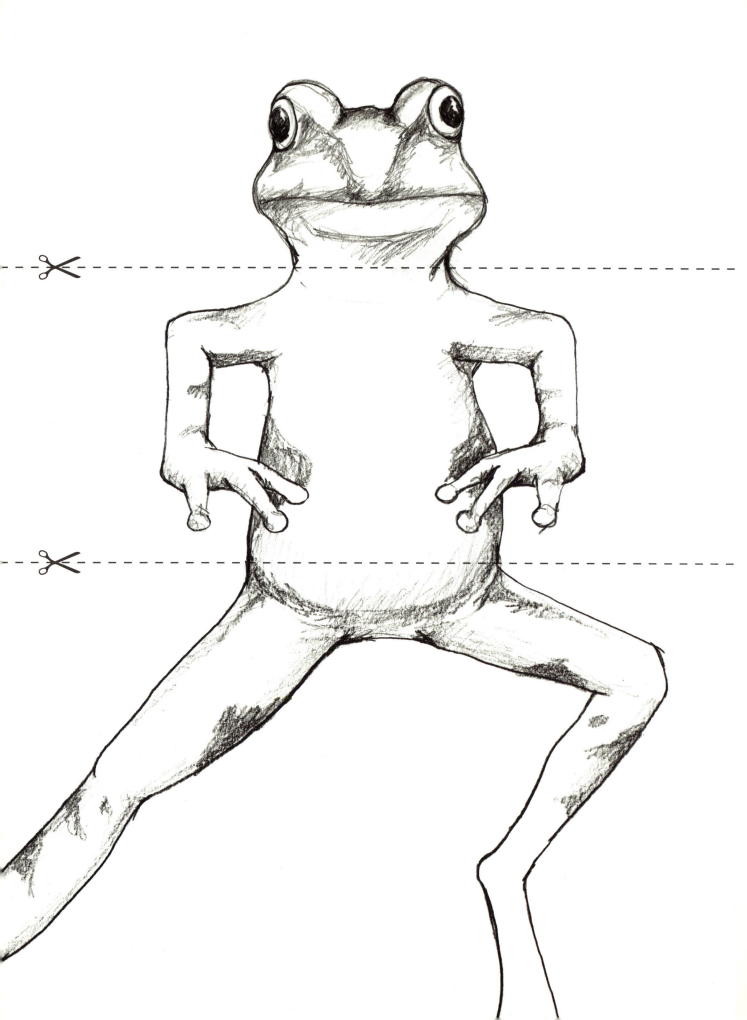

KLIPP-KLAPP-TIERE MIXEN

 # KLIPP-KLAPP-TIERE MIXEN

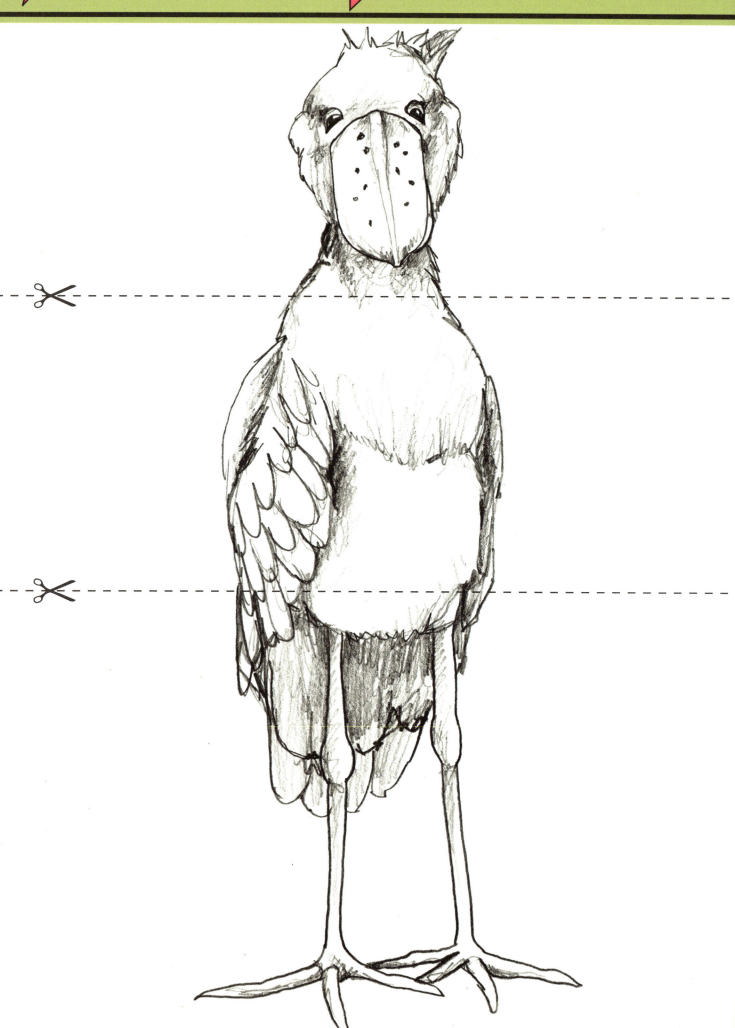

 # KLIPP-KLAPP-TIERE MIXEN

145

Tier des Jahres 2021

Über meiner Stadt ziehen Vögel ihre Kreise.

DAS WETTER MORGEN:

WENN RUDI SEINE SHOW ABZIEHT, SIND DIE DAMEN IM SCHLOSSPARK EINFACH HIN UND WEG.

HIER DIE TEILE ANKLEBEN,
UND ZWAR:

HIER DIE NR. 1

HIER DIE NR. 2, 3 UND 4

hier den Schnittelrest – Streifen festkleben

Mit einem Riesensatz landet Udo auf …

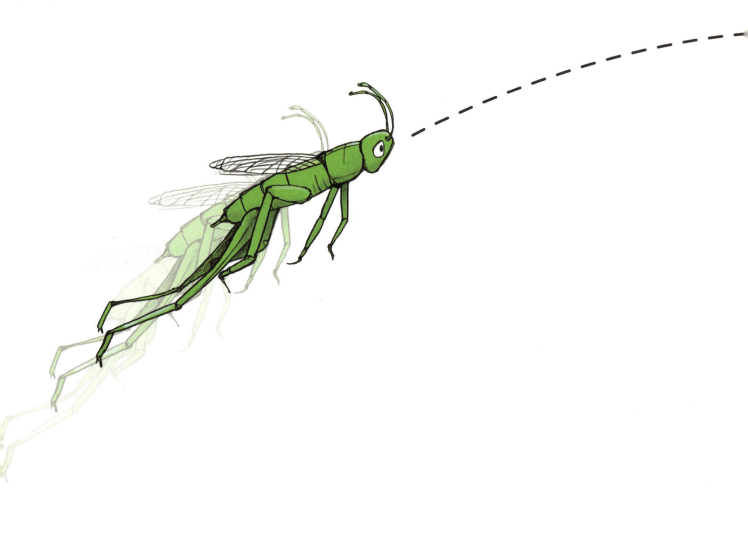

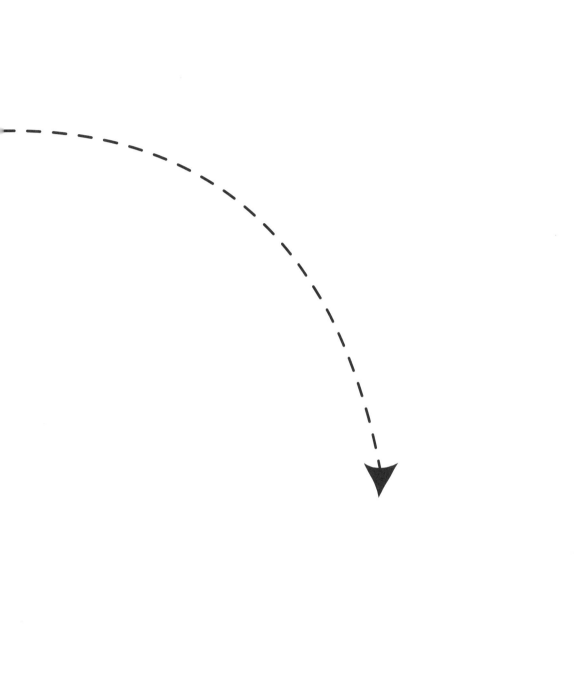

AFFENMENSCH

Der Ludwig und der Emil, die hatten einen Streit:

Wenn Jonathan frühstückt, gibt es nur die allerfeinsten Leckerbissen.

„Und später wird aufgeräumt, mein Fräulein!"

hier den Schnittebrest-Streifen festkleben

Kaum zu glauben. Genau zur Frühstückszeit prasselte einer der seltenen Fischregen vom Himmel.

Bei Tierpfleger Hotte ist selbst zu Hause alles Zebra.

Jochens Zähne sind immer blitzeblank!

Tommi ist ein Spitzensportler. Aber heute läuft es nicht so gut. Andere springen viel, viel höher.

Ein Turm aus drei Athleten in nur 2 Stunden 34 Minuten. Das bedeutet Gold für die griechische Mannschaft.

hier den Schnabelrest-Streifen feststellen

© 2012 arsEdition GmbH,
Friedrichstraße 9, D-80801 München

Alle Rechte vorbehalten
Text und Konzept: Ute Löwenberg, Hannah Lerch
Illustration und Layout: Hannah Lerch
ISBN 978-3-7607-8784-8

www.arsedition.de